CONSIDÉRATIONS

SUR

LES THEÂTRES,

ET DE LA NÉCESSITÉ

D'UN SECOND

THÉÂTRE FRANÇAIS;

Par M. F. DE PRARLY.

PARIS,

CHEZ
{ BOREL, Libraire, Boulevard des Capucines;
DALIBON, *aux Deux Bretons*, Palais-Royal,
Galeries de Bois;
Tous les Marchands de Nouveautés.

1817.

DE L'IMPRIMERIE DE J. GRATIOT.

CONSIDÉRATIONS
SUR LES THÉÂTRES,

ET DE LA NÉCESSITÉ

D'UN SECOND THÉÂTRE FRANÇAIS.

Le plus noble loisir des hommes réunis est, sans contredit, celui qu'ils viennent chercher au théâtre.

Un écrivain éminemment éloquent a cependant démontré le mal que le théâtre peut produire sur un peuple dont l'état de civilisation n'a pas encore altéré la pureté primitive.

Mais en même temps que cet écrivain professait cette doctrine en faveur de Genève, sa patrie, il publiait au milieu de nous sa *nouvelle Héloïse*, faisait représenter à Paris des *pièces de théâtre*, et mettait ainsi, dans son opinion, la France au *régime des peuples corrompus*.

Il fut mal à propos, à ce sujet, accusé de contradiction. Les mœurs de Genève et celles de Paris présentaient à ses observations une extrême différence. On pouvait peut-être lui reprocher d'avoir traité les Genevois avec beaucoup d'indulgence ; mais une telle erreur se pardonne; elle est presque une vertu.

Dans son sens, il fallait donc des spectacles en France : ils ne pouvaient aucunement nous nuire ; *notre corruption était consommée.*

Sans examiner jusqu'à quel point le philosophe genevois avait tort ou raison, je dirai seulement que, si les spectacles ne rectifient pas nos mœurs, ils rectifient au moins notre langage; qu'ils aiguisent le goût, et jettent quelques fleurs sur le sentier de la vie.

Je me propose ensuite de demander si le Théâtre Français, le premier de nos théâtres, et seul objet de cet écrit, ne court pas des dangers, sinon de corruption, au moins de dégradation.

Le public dirige-t-il constamment son attention et sa préférence sur nos chefs-d'œuvres ? Les artistes chargés de les représenter se maintiennent-ils à la même hauteur de talent ? L'intrigante médiocrité ne parvient-elle pas à s'emparer de la place du véritable comédien ? Des spéculations mercantiles ne réussissent-elles pas à faire dévier le goût, et à le diriger vers des conceptions dramatiques, ridicules et bizarres ? Les illusions du beau idéal dont se compose le charme du théâtre ne courent-elles pas le risque de disparaître, pour se voir remplacer par des tableaux mal dessinés ou des caricatures ignobles ?

A ces diverses questions, on ne peut faire que la plus affligeante réponse.

Si, vers le milieu du 18ᵉ siècle, le philosophe que j'ai cité voyait du danger pour les mœurs dans les représentations des ouvrages de nos grands maîtres, combien n'aurait-il pas à gémir, en contemplant toute une nation se précipiter en foule aux représentations de misérables farces où, tour à tour, la dégradation du langage, l'obscénité des tableaux et la sottise à prétention, captivent l'attention et obtiennent tous les suffrages ?

Quel nom donnerait-il à certains spectacles de nos jours, où la morale n'est pas moins outragée que le bon goût !

Si les spectacles sont désormais indispensables dans les grandes villes, n'est-il pas de l'intérêt de la société de rapprocher ces institutions du plus haut degré de perfection dont ils soient susceptibles, soit par le choix et la nature des ouvrages qu'on y représente, soit en protégeant le talent, et en lui assurant sa véritable place, soit en proscrivant ces tréteaux créés par l'appât du gain, et fréquentés par un peuple d'oisifs ?

La déviation du goût, quant aux ouvrages de théâtre, est une suite du peu d'attention que l'on a portée pendant trop long-temps au droit de propriété de ces mêmes ouvrages, des mauvaises définitions qu'on en a faites, des limitations absurdes qu'on lui a données, et enfin des vices de la jurisprudence et des lois sur cette matière.

Je ne répéterai rien de ce qui a été dit, soit pour détruire ces erreurs, soit pour les prévenir. Les esprits bien faits ont été convertis. Mais cette classe nombreuse d'individus auxquels une vérité fait peur, quand elle est en opposition avec leurs préjugés, s'est toujours refusée à ce que la propriété dramatique fût entièrement reconnue et protégée par des lois positives. Il était naturel que les comédiens qui réussissaient ainsi à se maintenir dans la possession d'un bien qui ne leur appartenait pas, secondassent cette résistance de tout leur pouvoir.

On a eu beau se demander sur quoi était fondée cette limitation de droit de propriété et de succession ! par quelle raison, et d'après quel principe de justice l'héritier d'un auteur se voyait, au bout de dix années, dépouillé de cette portion d'une succession qu'il avait légitimement recueillie, pour la voir passer entre les mains d'une aggrégation d'individus absolument étrangers à l'auteur et à sa famille ! Nulle réponse raisonnable n'a été faite, ni par les comédiens, ni par les organes de la loi; et cependant cette spoliation a été continuée, et se continue encore, sans éprouver de résistance.

On ne peut trop s'étonner que dans un siècle si lumineux, chez une nation qui se suppose si vivement éclairée, au milieu d'une foule d'hommes qui se vantent d'avoir aperçu toutes les vérités et combattu toutes les erreurs, il en existe, il s'en maintienne une aussi choquante, aussi monstrueuse, aussi diamétralement en opposition avec la justice et les intérêts de tous ?

Quel droit s'est ouvert, au profit des comédiens, dans la succession de nos auteurs dramatiques ! Quelle loi barbare est venue dépouiller les héritiers de ceux-ci, pour remettre ces dépouilles entre les mains de ceux-là ! Les auteurs ont-ils écrit en faveur de ces derniers des donations, des testamens, des actes quelconques, annonçant qu'ils voulaient que la chose fût ainsi ? *Corneille, Racine, Molière, Voltaire*, et tant d'autres illustres écrivains dramatiques, ont-ils jamais exprimé que la main-mise des comédiens sur la propriété de leurs ouvrages leur fût agréable ? Est-il démontré qu'en composant leurs chefs-d'œuvres, ils oubliaient leur famille, et ne songeaient qu'à enrichir les individus qui viendraient successivement s'établir sur la scène française ?

Quel singulier résultat de leurs veilles et de leurs travaux !

Amour de la gloire ! espoir d'illustration ! noble orgueil d'un nom qui survit à son siècle, et que les siècles suivans ne prononcent qu'avec respect ! vous n'êtes que des avantages frivoles, que des biens périssables, en comparaison de la perspective de fortune que ces hommes de génie se proposaient d'assurer aux comédiens passés, présens et futurs ! Ils comptaient pour rien leurs familles, leurs amis et eux-mêmes ; tant ils étaient émus de tendresse pour les comédiens !

Il y aurait vraiment de l'indiscrétion à pousser plus loin la démonstration de cette absurdité. Je rentrerais, malgré moi, dans l'inconvénient de répéter tout ce qui a été dit à cet égard ; je fatiguerais les bons esprits pénétrés de mon opinion, sans parvenir à la conversion, ou des sots que rien ne distrait de l'erreur, ou des comédiens qui ont le plus grand intérêt à la maintenir.

Je hasarderai cependant ici mon opinion sur la propriété des ouvrages dramatiques, et j'établirai qu'elle donne naissance à trois natures de droit : 1°. *le droit de gloire,* concentré sur l'auteur, et qui, après lui, est recueilli par la nation à laquelle il appartient ; 2°. *l'intérêt de composition,* qui, également de l'auteur, doit passer à ses héritiers, comme faisant partie utile et active de sa succession ; 3°. *l'intérêt de participation,* revenant à ceux qui attachent leur industrie personnelle à l'ouvrage, tel que celui de l'imprimeur qui l'imprime, ou du libraire qui le débite, ou des comédiens qui le représentent.

Ainsi donc, les produits des représentations, *l'intérêt de composition* appartenant à l'auteur, et *celui de participation* revenant aux comédiens, sont en quelque sorte en présence.

Qu'ont d'abord fait les comédiens? ils ont profité de l'indolence des auteurs sur leurs intérêts, et du silence des lois sur cette nature de propriété, et se sont emparés de tout. Il a bien fallu cependant depuis quelques années, qu'ils consentissent à l'acquittement d'un droit quelconque d'auteur; mais les limites qu'ils ont mises à l'exploitation et à la maintenue de ce droit, leur ont laissé la facilité de rentrer, après quelques concessions, dans l'intégrité de leur usurpation originaire (1).

C'est aujourd'hui ce qu'il faut prévenir : et, à cet effet, je pense que *le produit de représentation* doit constamment et sans interruption se par-

---

(1) Ainsi la petite nièce du grand Corneille est réduite à implorer, pour vivre, les secours des comédiens. Ainsi mademoiselle Sedaine, dont le père est le fondateur de l'Opéra-Comique, et qui a laissé au répertoire le plus d'ouvrages remarquables par leur composition scénique et musicale, se trouve sans pain. Dans quatre ans, les héritiers de Dalayrac seront déshérités; et successivement ceux de Grétry, de Monsigny, etc.

tager entre les auteurs et les comédiens dans des proportions relatives. Je dis *relatives*, parce que la part des comédiens doit être plus forte, attendu que l'exécution d'une pièce commande la réunion de plusieurs individus; qu'au salaire de ces individus, il faut ajouter les frais accessoires de représentation; tandis que l'auteur est seul et qu'il n'a aucuns frais à faire.

Je pense encore que le droit de composition ne doit jamais être mis à la disposition des comédiens, puisqu'il leur est absolument étranger. Et en effet, si l'auteur est vivant, cet intérêt lui appartient; s'il a cessé d'exister, il appartient à ses héritiers. Si ceux-ci sont inconnus et que cette portion de l'héritage soit tombée *en déshérence*, il appartient *au domaine littéraire*, et fait partie des propriétés publiques. De toute manière, les comédiens n'ont rien à y prétendre.

Ces vérités une fois reconnues, l'autorité ne peut se dispenser d'ordonner que, sur chaque représentation de pièces d'auteurs vivans ou morts, *la part de composition* soit sur-le-champ distraite et versée par le caissier dans une caisse particulière, où les auteurs vivans, et les ayans cause des auteurs morts dont les successions ont été recueillies par leurs héritiers, viendront recevoir les honoraires qui leur appartiennent; sans qu'il soit posé aucun terme à cette faculté, puisque les droits de perpétuité et de transmissibilité auront été attribués *à la propriété de composition*, comme ils le sont à toute autre nature de valeur active, faisant partie de l'avoir ou de la succession de qui que ce soit.

Par suite de cet encaissement particulier du montant journalier du droit de composition, il arrivera que cette nature de produit des ouvrages tombés en déshérence formera un capital disponible par l'autorité.

Je propose de l'employer, 1°. à l'acquit de pensions à faire à des littérateurs estimables, arrivés à la vieillesse, et menacés de l'indigence; 2°. en gratifications à donner à de jeunes écrivains qui, jetés dans la carrière dramatique, y présentent des espérances de talent; 3°. en dépenses imprévues ayant pour objet le perfectionnement de l'exécution théâtrale; 4°. en remises annuelles à faire à quelques comédiens, à titre de récompense pour les uns, et d'encouragement pour les autres.

Le but que je me propose est maintenant facile à apercevoir. Il consiste à amener les comédiens français à une parfaite indifférence sur le choix des pièces des auteurs morts ou vivans, pour la composition de leur répertoire, ainsi qu'au désir bien prononcé de monter des pièces nouvelles, et d'exciter à cet effet l'émulation des jeunes écrivains. Les germes du talent cesseront dès lors d'être étouffés ou flétris par leurs dédains. Les comédiens n'auront plus d'intérêt à se renfermer, comme ils le font, dans la seule exploitation des ouvrages des auteurs morts, dont jusqu'à présent les produits entrent tout entiers dans leurs mains, produits qu'il leur est si facile d'accroître en faisant exécuter ces beaux ouvrages par les chefs d'emploi (1).

Dès que leurs intérêts auront été séparés de ceux des auteurs, ils traiteront ceux-ci avec plus d'égard. Un talent jeune et timide trouvera quelque accueil auprès d'eux; car ils se rappelleront que les grands maîtres ont commencé par des ouvrages faibles, et que les leçons sévères données par le public à l'occasion de ces ouvrages, ont conduit leurs auteurs à des méditations plus profondes, et par suite à la composition des chefs-d'œuvres dont la France, à si juste titre, s'enorgueillit aujourd'hui.

On a souvent répété qu'il y avait quelque danger à abandonner, d'une manière exclusive, aux comédiens le choix et l'admission des ouvrages présentés. Je serais presque de cet avis, s'il était possible de faire mieux.

Ce n'est pas que j'entende contester aux comédiens une grande faculté de discernement. Plusieurs d'entr'eux, à une éducation soignée, à des études

---

(1) On ne demande point si l'on joue le Tartuffe ou le Mysantrope, Cinna ou Iphigénie; mais si mademoiselle Mars ou M. Talma joue.

bien faites, à une érudition littéraire assez étendue, joignent les connaissances pratiques que donne le long exercice de leur profession. Mais on leur reproche de ne juger en général les nouveautés que sous le rapport des comparaisons qu'elles leur présentent avec d'anciennes pièces, d'apprécier avec peu de justesse des combinaisons nouvelles et des effets inattendus, et d'être à peu près insensibles à ce qu'on peut appeler *des beautés de création*. On reproche à chacun d'eux une sorte d'égoïsme d'attention qui ne se dirige que sur le rôle de son emploi, et qui les trouve insensibles sur le reste. On a remarqué enfin qu'ils déterminaient habituellement leurs suffrages, plutôt sur la réputation littéraire, le dégré de consistance et le plus ou le moins d'entourage de l'auteur, que sur la valeur isolée de l'ouvrage. Ces diverses sources de préventions ont si souvent occasionné les lourdes chutes des pièces sur lesquelles les comédiens comptaient le plus, qu'on a le droit d'en conclure qu'ils ont pu se tromper aussi-bien sur les objets de leur dédain que sur ceux de leur préférence.

Je me hâte cependant de reconnaître que le danger serait plus grave, si on confiait le sort des pièces présentées, au jugement des auteurs. Qui ne connaît les nombreux inconvéniens attachés aux rivalités et aux calculs des amours-propres de ces messieurs ? Qui ne sait que tout auteur, même le plus modeste, est inévitablement entraîné à l'admiration exclusive de ses ouvrages, et au mépris des ouvrages des autres ? qu'à ce travers, se joint l'intérêt personnel ? C'en est sans doute assez pour prévenir les désordres qu'engendrerait, par ses décisions, un semblable aréopage (1).

Les comédiens français présentent contre une partie de ces dangers diverses natures de garantie. D'abord l'admission à la lecture est accordée ou refusée sur l'opinion émise par des personnes d'un mérite distingué, auxquels l'ouvrage est d'abord soumis. Ensuite le jury de lecture, composé de neuf sociétaires choisis ordinairement parmi les plus éclairés d'entr'eux, s'impose le devoir de la plus rigoureuse attention, puis d'un scrutin individuel et écrit, et enfin du dépouillement de tous les scrutins, dont les résultats sont aussitôt communiqués à l'auteur. L'ensemble de ces formalités est toujours accompagné de beaucoup d'égards et de politesses.

Leur intérêt les éclaire en outre, jusqu'à un certain point, dans les admissions comme dans les refus. Quelques spéculations intérieures et secrètes peuvent modifier cet intérêt ; mais cette modification ne les égare jamais au point de re-

(1) Et nul n'aura d'esprit, hors nous et nos amis.

jeter volontairement un bon ouvrage et d'en accueillir un mauvais. Ils peuvent se tromper sans doute ; mais au moins paraissent-ils avoir pris de bonne foi beaucoup de précautions pour ne pas se tromper trop souvent.

On a quelquefois proposé de recourir *à des amateurs*, pour en composer un jury.

Mais où les prendre, ces amateurs ? Qui garantira leur infaillibilité ? Sans doute il est beaucoup de personnes qui, aux premières représentations d'une pièce, en font remarquer les beautés, et en indiquent les défauts. Mais autre chose est l'appréciation d'un ouvrage sur la scène, ou d'après la lecture. Sur la scène, tout est en vue; tandis que la lecture ne présente ni optique, ni illusion d'aucune espèce. Il faut que tout se devine à travers les hésitations, et malgré les accens inhabiles et souvent maladroits du lecteur. Pressentir le succès ou la disgrâce *d'une pièce lue*, est peut-être une des plus difficiles opérations de l'esprit humain ; elle demande une grande réunion de connaissances, une longue étude de la scène, un tact sûr, une imagination vive et nette, et une indépendance absolue de toute affection et de tout préjugé.

Il faut donc s'en tenir au jugement des comédiens, qui, malgré ses nombreux inconvéniens, en présente encore moins qu'un jury composé *d'auteurs* ou *d'amateurs*. Mais en faisant cette concession, on recommandera à chaque comédien de laisser sommeiller son intérêt personnel, pour mieux écouter l'ensemble de l'ouvrage, et non pas seulement le rôle qui lui est réservé; de ne pas se laisser prévenir par les manières plus ou moins simples de l'auteur ; de lui donner de la confiance par un accueil encourageant ; et de s'imposer l'habitude de pressentir dans celui qui comparaît devant son tribunal, plutôt un homme de mérite qui peut devenir célèbre, qu'un sot qu'il est amusant ou nécessaire d'éconduire (1).

A quelle distance de ces sages dispositions est aujourd'hui placé le théâtre de *l'Opéra-Comique*? Le sort des pièces présentées, et de leurs auteurs, y est abandonné à la réunion tumultueuse d'environ vingt sociétaires des deux sexes, qui, pour la plupart, n'ont d'autre but, en assistant aux lec-

(1) On désirerait, en outre, pour l'intérêt des arts, que le tribunal des comédiens ne fût pas sans appel. Une cour souveraine se trompe quelquefois, et on a la voie du tribunal de cassation ; mais si les comédiens ont failli, à quel tribunal recourir ? ils n'en reconnaissent ni n'en veulent reconnaître aucun. C'est dans ce cas, peut-être, qu'un jury de révision, composé de neuf membres tirés en partie ou en totalité du sein de l'Académie française, pourrait être institué raisonnablement dans l'intérêt des auteurs qui se croiraient ou seraient effectivement mal jugés par l'aréopage comique.

tures, que de recevoir leur jeton de présence. Aussi le plus souvent la pièce n'est ni écoutée ni entendue, le lecteur est fréquemment obligé de s'arrêter par la causerie, les ricanemens, les aparté et les singeries d'une actrice en *goguette*. Si l'on écoute, c'est bien pis encore : la profonde ignorance de presque tous, le despotisme des chefs d'emploi, les préventions de quelques-uns, les intérêts privés de certains autres, ne peuvent manquer de fausser le jugement de ce *fameux* sanhédrin. Aussi un choix heureux, fait par l'universalité des acteurs de l'Opéra-Comique, peut-il être regardé comme un événement miraculeux. De là, cette suite de pièces ridicules, dépourvues d'intérêt et de raison, qu'ils présentent depuis quelque temps au public. *Marmontel*, *Sédaine*, *Monvel*, *Anseaume* et *Dhèle* reviendraient avec des chefs-d'œuvres, qu'ils seraient repoussés et peut-être conspués; tant le tact de ces messieurs et de ces dames est, en ce moment, exquis et infaillible !

Il ne faut donc aucunement s'étonner que cet établissement, quoique honoré du titre de *Théâtre Royal*, marche progressivement vers sa ruine, que l'on y voie aussi peu de bonnes nouveautés que de bons acteurs, et qu'à l'exception de deux ou trois cantatrices, tout le reste y soit marqué au coin de la plus affligeante médiocrité.

Ce théâtre pourrait cependant sortir du précipice

dans lequel il est entraîné, si ses meneurs abandonnaient la mauvaise route qu'ils ont eu le malheur d'adopter, pour se tracer un chemin plus sûr vers d'indispensables réformes; si, à l'imitation des comédiens français, et en remplacement de cette ridicule cohue qui lui fait commettre journellement des bévues si funestes, il confiait l'examen et le jugement des nouveautés qu'on lui soumet, à un comité de huit à neuf comédiens choisis parmi ceux d'entre eux qui ont le plus de sens; s'il ouvrait la carrière des débuts à un plus grand nombre de candidats dans des emplois absolument vacans, quoique occupés encore; et si, ne déterminant plus ses choix en faveur d'ouvrages dans lesquels certains acteurs n'aperçoivent, pour tout mérite, que la facilité d'y introduire des airs arrangés sur leurs moyens, il étendait son discernement sur des pièces d'un mérite réel, et se rendait ainsi indépendant des intérêts particuliers de quelques-uns de ses sociétaires.

Il est à craindre que l'Opéra-Comique ne reconnaisse la nécessité d'une aussi vaste réforme, qu'au moment où il ne sera plus temps de la faire. Puisse-t-il n'en être pas réduit alors à regretter le mauvais accueil qu'il va faire probablement aux conseils que je hasarde!

Je retourne à la Comédie Française. Après l'avoir replacée dans l'obligation d'établir un plus grand nombre de nouveautés, et lui avoir offert les moyens de faire des choix plus habituellement heureux, me permettra-t-elle de lui présenter quelques observations sur la nécessité de renouveler une partie des sujets qui la composent ?

A l'exception de deux ou trois d'entr'eux bien près de leur retraite, le surplus de la troupe se compose de jeunes gens dont la très-grande majorité est moins que faible, et ne semble maintenue sur ce terrain que pour marquer la place des talens réels qu'on désire et qu'on n'ose espérer.

La première et principale cause de cette fâcheuse disette résulte des dispositions du règlement actuel de la Comédie Française, qui fait arriver à la première place, par le seul titre d'ancienneté, sans égard pour le mérite relatif des individus, en sorte qu'en faisant débuter, dans un moment de déficit, un sujet protégé par la troupe, comme *fils*, *frère* ou *cousin* de quelqu'un d'entr'eux, on parvient à le pousser, tout médiocre qu'il puisse être, à la place de chef d'emploi, tandis qu'un talent réel qu'on n'a laissé paraître aux yeux du public que dans des momens de surabondance, reste toute sa vie confondu et absorbé dans les derniers rangs, quelles que puissent être les réclamations du public qui l'aperçoit de loin en loin.

Ce règlement, si funeste dans son exécution comme dans ses conséquences, a d'abord pour base l'erreur de propriété que je combattais tout à l'heure; il est en outre modifié sur la doctrine, aujourd'hui proscrite, *de la primogéniture*, et nous rappelle ces époques d'ignorance et de féodalité où l'aîné d'une famille, quelle que fût sa stupidité, absorbait la presque totalité du patrimoine de ses auteurs, et en héritait des dignités au préjudice de ses frères, souvent ornés des qualités les plus brillantes(1). « Un » tel est sans talent, il est vrai, ont dit les comé- » diens ; ses cadets valent mieux que lui : mais il » est venu le premier. *Il possède le droit d'aî-* » *nesse ;* il en a tous les avantages ; et il les conser- » vera, dût-il ennuyer le public toute sa vie. »

Cet arrangement est doublement vicieux : il blesse d'abord les règles les plus communes de l'équité, en donnant à l'ordre de réception ce qui

(1) L'illustre fils de Pepin ne raisonnait pas ainsi. Les jeunes Seigneurs de la cour de Charlemagne étaient élevés sous les yeux de ce puissant Monarque ; ainsi il connaissait de bonne heure leur inclination et leur capacité. Il se réglait là-dessus pour les avancer, et il proférait souvent ces paroles, dignes d'un Souverain : « Les terres peuvent » passer en héritage ; mais les honneurs et les emplois » doivent appartenir au mérite. » A l'application, messieurs les comédiens, et tirez-vous de là.

n'appartient qu'au talent ; et ensuite parce que l'objet ainsi partagé n'appartient nullement à ceux qui se sont avisés d'en régler le partage, auquel ils devaient au moins appeler les véritables propriétaires, c'est-à-dire, la nation représentée par son gouvernement, les auteurs, et surtout le public qui vient chaque soir apporter son argent, et dans l'intérêt duquel la distribution de cet argent devrait au moins être faite. Or cet intérêt, le public ne le porte nullement au sujet le plus anciennement reçu, mais bien au comédien le plus habile, à celui qui réalise le plaisir qu'il est venu chercher et payer.

On reconnaît de reste la justesse d'un principe, par les conséquences salutaires et incontestables qu'on en obtient. Il m'a suffi d'examiner la chimérique prétention des comédiens, pour en démontrer l'erreur; et dès lors s'est produit de lui-même le vice d'un règlement à la faveur duquel l'intrigue et la médiocrité s'appliquent les fruits d'un bien qui leur est étranger, et dont elles détruisent le charme chaque fois qu'elles y portent la main.

Ce règlement tombe de lui-même, comme l'ouvrage de gens qui n'avaient aucune qualité pour le faire, comme ayant pour objet de régler le partage des fruits d'un patrimoine étranger aux copartageans, comme fait au mépris de l'intérêt *de gloire et de composition*, et à l'avantage des seuls détenteurs *de l'intérêt de représentation.*

Il est indispensable de le remplacer : et, pour cela, je dois déterminer les objets qu'il embrassera, le but auquel il va tendre, et l'autorité de laquelle il doit émaner.

Son objet consistera dans la plus parfaite administration des trois intérêts que j'ai précédemment signalés, dans l'entretien et le renouvellement du répertoire, dans la surveillance des plaisirs du public, et surtout dans la consécration des moyens de faire arriver le premier talent à la première place.

Le chef suprême du gouvernement daignera, j'ose l'espérer, attacher quelque valeur aux réflexions précédentes; et dès lors, soumettant à un nouvel examen un règlement auquel, dans les premiers instans de la restauration, il daigna donner une sanction provisoire, il en remplacera les dispositions réformables par d'autres évidemment nécessaires, qui auront pour objet de modifier les admissions, de régler les droits respectifs et le rang des comédiens entre eux, et surtout de faire cesser ce misérable privilége *d'inamovibilité*, qui tuera la Comédie Française si on le laisse subsister.

Mais on ne manquera pas de me demander où

l'on prendra les nouveaux comédiens nécessaires pour le recrutement du Théâtre Français ; et pour rendre ma réponse difficile, on me démontrera le peu de ressources que présentent, à cet égard, *les troupes de provinces, et le Conservatoire de déclamation.*

Je conviens que malheureusement la dépravation du goût des provinces est aujourd'hui aussi funeste qu'il est possible ; qu'on y repousse constamment le répertoire de la Comédie Française ; qu'on lui préfère les mélodrames de nos boulevards, et les facéties des petits théâtres ; que cette dégradation du plus noble des plaisirs est à peu près universelle dans toutes les villes de France, et que quand un directeur de département imagine, pour rappeler un public refroidi, de lui présenter un acteur célèbre de la capitale, rien n'est plus grotesque que l'entourage qu'on lui donne. Le héros du mélodrame se métamorphose en tyran, le niais en confident, le souffleur, le livre à la main, se charge d'un quatrième ou cinquième personnage. *Phèdre* et *Cinna*, ainsi travestis, présentent au spectateur de nouvelles raisons pour retourner à ses pièces favorites. Il abandonne sans retour les ouvrages dont on a si ridiculement à ses regards compromis les beautés, et se livre sans scrupule à son mauvais goût.

Je n'hésite pas à convenir qu'il n'y a plus en province ni comédiens ni tragédiens ; je reconnais en outre le peu de moyens qu'a *le Conservatoire de déclamation* pour suppléer à ce déficit.

Les leçons qu'on y donne ne profitent ni à l'élève qui les reçoit, ni au théâtre auquel il se destine, et encore moins à l'art qu'il prétend étudier. L'élève n'apporte que de l'indolence, et le professeur que de l'ennui. Les jeunes gens des deux sexes que ce dernier est chargé d'instruire, tous pris dans les classes inférieures du peuple, croient apprendre *un métier*, quand il entreprend de leur démontrer *un art :* d'où il suit que ni l'un ni l'autre ne s'entendent, et que les progrès sont nuls. Les jeunes filles qui ont dans l'esprit plus de flexibilité que les garçons, et dont l'imagination, enflammée par l'amour-propre, les dirige plus facilement, de leur humble origine, vers le langage, les manières et les habitudes des classes distinguées, sembleraient présenter de plus favorables dispositions ; mais dès qu'elles ont mis le pied au conservatoire, placées, comme elles ne tardent pas à le reconnaître, entre la pauvreté qui les humilie, et la coquetterie qu'allume dans leurs cœurs l'aspect de la parure de quelques-unes de leurs compagnes, elles se montrent mille fois plus disposées à s'élancer dans la route qui les conduit à cette opulence factice, qu'à mettre à profit les leçons qu'elles font tout au plus semblant d'écouter.

Que peuvent donc produire, sur cette multitude d'élèves, des leçons qui ne sont pas comprises par un sexe, et qui sont dédaignées par l'autre?

Si l'on pouvait au moins se rassurer sur le talent des professeurs! Mais malheureusement combien de ces maîtres du matin redeviennent eux-mêmes, le soir, écoliers sur la scène!

Et puis, le secret de l'art théâtral se devine, et ne se communique jamais. Il appartient en propre au comédien qui a eu le bonheur de le conquérir. Il est le résultat de travaux obstinés, souvent d'une longue suite de disgrâces, et toujours d'une persévérance commandée par l'impérieuse nécessité. C'est en quelque sorte un éclair qui brille inopinément au yeux du jeune comédien, lequel franchit aussitôt les bornes de la médiocrité, et s'élève à la hauteur du véritable talent. Cet éclair est parti d'un point que nul ne peut faire pressentir, et qu'attend l'inspiration. Vainement *la statue* réclame *un Prométhée* qui lui donne de la vie; le flambeau que le maître donne à son élève n'offre ni flamme ni clarté : il n'engendre que de fausses lueurs qu'absorbent à chaque moment d'impénétrables ténèbres.

La démonstration peut indiquer le mécanisme de la scène, révéler quelques traditions, prescrire des attitudes, tracer de froides imitations ; mais à tout cela, elle ne parviendra pas à attacher le cachet du talent. *Roscius* a pu donner à *Bathyle* l'idée du talent de *Roscius*, mais non l'idée du talent que pouvait acquérir *Bathyle*.

On fermera donc sans danger les portes *du Conservatoire de déclamation*.

C'est sur les théâtres de province que se sont formés les comédiens qui ont illustré la scène française. La nécessité de gagner sa vie, l'espoir de bons appointemens, la crainte des sifflets, et, par dessus tout, l'amour de la célébrité, ont soutenu et animé leurs travaux.

Mais, m'objectera-t-on, vous dites vous-même que cette ressource n'existe plus, qu'on dédaigne, qu'on repousse même dans toutes les villes de France la tragédie et la bonne comédie, que cette affligeante disposition est l'ouvrage de nos malheurs politiques, etc.

Je repondrai en demandant s'il n'est aucun remède à ce désordre, et s'il est défendu d'espérer qu'il y sera opposé de la résistance, dès que les bons esprits auront été pénétrés de cette grande vérité, *que la dépravation du goût suit ou précède la dé-*

pravation des mœurs, et qu'une plus longue persévérance dans l'engouement de ces ignobles loisirs prépare la dissolution de l'ordre social, et la disparition de toutes les vertus.

C'est au Gouvernement éclairé sous lequel nous avons le bonheur de vivre, qu'il appartient de tenter cette indispensable conversion, qui, au surplus, ne peut être l'ouvrage de l'autorité, encore moins de la violence. La douce persuasion le commencera, et le tems seul pourra l'achever. C'est dans ces sortes de tentatives que la nation française doit se défier de sa pétulance habituelle et de ses imprudentes vivacités. Il est tems qu'elle se montre guérie de cette fièvre de précipitation qui veut effectuer dans vingt-quatre heures ce qui ne peut être que l'ouvrage d'un demi-siècle, peut-être.

Je pense que les autorités locales peuvent sans danger établir dès à présent une influence de direction sur le choix des pièces qu'on exécute en leur présence, en établissant une sorte de transaction avec le goût dominant, de manière à opérer dans un délai plus ou moins long l'expulsion des mélodrames et autres ouvrages du même genre.

Mais, comme une telle révolution ne peut être opérée que par le tems, et que cependant il faut songer dès à présent aux moyens de renouveler une partie des sujets de la Comédie Française, voyons s'il ne serait pas possible de créer une troisième ressource qui présentât des résultats aussi assurés que prochains.

Pour la développer plus facilement, je suis obligé d'entrer ici dans quelques détails historiques sur un établissement qui existe à Paris depuis quelques années, et qu'on appelle *Odéon*.

Lorsqu'en 1794 les comédiens français abandonnèrent le Théâtre du faubourg Saint-Germain, un directeur de petits spectacles s'en empara, lui donna le nom pompeux d'*Odéon*, y essaya tous les genres créés par l'industrie dramatique : il n'eût aucun succès.

D'autres lui succédèrent, et furent aussi malheureux. Ces divers essais se terminèrent par un incendie.

Le théâtre de l'Odéon fut reconstruit : le Théâtre de Louvois venait d'être fermé ; son directeur avait été mis à la tête de l'Opéra. Quelques comédiens de Louvois vinrent s'installer à l'Odéon. Le voisinage d'une institution politique, appelée alors *Sénat*, fut considéré comme un moyen de prospérité pour ce théâtre. Le chef de l'état commanda *à ses sénateurs* d'y louer des loges. Ils obéirent pendant un trimestre ; puis, l'économie éloigna les uns, et l'ennui chassa les autres.

La salle était devenue déserte, lorsque les Bouffons italiens vinrent la partager.

Cette troupe était bonne; Paris était alors rempli d'italiens : tout le monde vint aux Bouffons. La troupe française, régulièrement abandonnée, vivait à l'ombre de la prospérité ultramontaine, et à la faveur de quelques bienfaits qu'elle arrachait de tems en tems du gouvernement.

Malheureusement, les Bouffons quittèrent l'Odéon et s'établirent au Théâtre Favart. Alors se produisit aux yeux du public, toute la nullité de la troupe française ; personne ne vint plus. Comment sortir d'une situation aussi malheureuse ? On se ressouvint de l'ancien directeur de Louvois, des mains duquel l'administration de l'Opéra venait d'échapper. On rappela le tems de ses succès, sans faire mention de celui de ses disgrâces : il fut constitué directeur de l'Odéon.

Ce nouvel ordre de choses fut assez généralement applaudi. On se flattait que le nouveau directeur allait élever à l'Odéon les bases d'un second Théâtre Français. Il en avait la facilité, et ne pouvait manquer d'en sentir le besoin. Le gouvernement ne demandait pas mieux que de lui prêter des secours. Le public l'aurait assisté de sa présence, et probablement de son suffrage. Mais il fallait au moins chercher à conquérir l'un et l'autre.

C'est ce que le nouveau directeur ne fit pas. *Il présuma trop de ses œuvres*, et cette première erreur en engendra une foule d'autres. Il ne voulut pas se ressouvenir que le Théâtre de Louvois n'avait été, aux yeux de la capitale, *que le précurseur de celui des Variétés*. Il ne profita aucunement de la leçon que le public lui avait donnée, en délaissant le Théâtre Français chaque fois que, par égard pour le nouvel académicien, ce théâtre se croyait obligé de représenter quelques-unes de ses comédies. Il crut aux flateurs, qui, près de lui, appelaient *chefs-d'œuvres* ce qu'en son absence ils entendaient nommer par des gens éclairés, *canevas, essais, petit genre*. Il se persuada enfin, ou du moins il agit comme s'il avait été persuadé, que le gouvernement ne lui avait confié la direction de l'Odéon que pour lui assurer le plaisir de voir jouer ses pièces, sans autres témoins que lui seul et une certaine classe de spectateurs *obligés*.

Il composa de nouvelles comédies qui ne servirent qu'à reproduire toutes les imperfections des premières où se remarquait au moins une verve de jeunesse, à peu près éteinte aujourd'hui.

Il eut enfin recours à des drames bien ridicules, bien noirs et bien ennuyeux.

Tel est le régime actuel de l'Odéon : aussi est-il abandonné.

Loin d'avoir élevé cet établissement à la hauteur d'un second Théâtre Français, il est parvenu à l'abâtardir, à le faire descendre dans la classe des théâtres subalternes. Encore, les entrepreneurs de ceux-ci, en possession de l'habitude, de grands moyens, d'argent, et de l'engouement du public, l'emportent-ils en exécution, en affluence et en profits.

Quelle réponse fera le directeur de l'Odéon à des reproches si mérités ? Il avait carte blanche ; il était maître du terrain. Il sentait aussi-bien que personne la nécessité urgente d'un second Théâtre Français ; il avait eu tout à la fois l'occasion et les moyens de l'établir ; et il les a laissé perdre volontairement, et sans retour si l'Odéon reste plus long-temps dans ses mains.

Il est une heure pour la retraite. Cette heure sonne plus ou moins hâtivement : elle se fait entendre très-tard pour les talens robustes ; elle se précipite quand il s'agit d'éconduire la faiblesse.

Il est temps que le directeur de l'Odéon se repose. Sa carrière s'est consumée bien plus en efforts impuissans qu'en travaux utiles ; les uns, comme les autres, produisent beaucoup de fatigues. Athlète épuisé, abandonne le cirque ; débarrasse ton bras d'un ceste trop lourd ; viens t'asseoir sur le gazon.

La fortune et l'hymen l'ont comblé de leurs faveurs. Il compte de nombreux partisans. Sa retraite lui vaudra du gouvernement de nouveaux bienfaits. Ce qu'il aura perdu quant au théâtre, il le retrouvera dans la condition privée; ses qualités particulières en recevront un nouveau lustre : il fera tout à loisir alors l'épuration de ses prétendus amis. Sa jeune famille s'exercera à représenter ses ouvrages. A ses jours de fête, à son anniversaire, à toutes ces petites solennités domestiques, une portion de ses enfans reproduira l'autre portion à ses regards. Ces honnêtes amusemens n'engendreront de dépenses, ni pour son ménage, ni pour l'État; ce qui n'est pas, dans ce moment surtout, d'une médiocre considération.

On se tromperait beaucoup en attribuant à un sentiment d'inimitié les réfléxions que je viens de présenter. Il n'existe entre le directeur de l'Odéon et moi, ni rapport, ni intérêt, ni rivalité. Je lui porte naturellement de l'estime. Personne plus que moi, à l'annonce de chacune de ses productions nouvelles, ne faisait des vœux plus sincères pour que cette nouveauté recommençât l'édifice de sa réputaion dramatique, habituellement compromise par les précédentes. L'éloge de sa bonhomie me fit quelquefois concevoir le désir de faire nombre parmi ses connaissances. Je me mettais de tout cœur à l'unisson, non de ceux qui l'appelaient *le petit Molière du 19e siècle*, mais bien des observateurs qui gémissaient *sur ses avortemens;* en un mot, je l'accompagnais habituellement de mes vœux, à défaut de mes suffrages.

Aujourd'hui que les espérances qu'il semblait donner sont à jamais évanouies; *que la muse de Louvois est appréciée;* que l'étendue de ses facultés administratives est démontrée, tant par ce qu'il a fait à l'Opéra, que par ce qu'il n'a pas fait à l'Odéon; qu'il est évident qu'il a paralysé, comme directeur de ce dernier théâtre, le seul moyen régénérateur de la comédie française, je n'hésite pas à demander qu'il lui soit donné un successeur. Je ne m'effraie ni du nombre de ses prôneurs, ni de l'espèce de réputation qu'ils lui ont fabriquée: les clameurs *de la prévention intéressée* ne m'en imposent pas; j'ai pour moi la vérité, l'opinion des gens de goût, et les suffrages de tous ceux qui savent apprécier le présent et raisonner sur l'avenir.

Je viens de dire que le théâtre de l'Odéon présentait le seul moyen régénérateur de la comédie française, en pièces comme en comédiens : je le prouve.

Le portefeuille du Théâtre Français regorge de

pièces reçues; et cependant leur nombre n'est pas comparable à celui des ouvrages, ou rentrés, par suite de refus, dans les mains de leurs auteurs, ou qui n'ont pas encore été soumis à l'aréopage comique. Celui des pièces représentées, comparativement au nombre de celles qui se morfondent en attendant, est à peu près d'un à cent. Probablement la majorité de celles-ci doit se tenir heureuse de cet oubli ; mais très-probablement aussi, parmi les objets du dédain des comédiens français, il en est qu'on peut regarder comme moins malheureuses que coupables. Celles-ci trouveront un asile à l'Odéon. Après avoir subi une seconde épuration, elles seront produites aux regards du public qui apportera une plus forte dose d'indulgence. Les frais accessoires y seront faits avec économie. La troupe moins nombreuse s'y composera de sujets plus universellement utiles. Tel tiendra le premier emploi dans la tragédie, qui ne se croira pas humilié de jouer un accessoire dans la comédie. *Le Kain* faisait habituellement *les Notaires* dans les pièces *de Dancourt*.

Les chutes y seront moins lourdes, et par cela même moins affligeantes. La jeunesse et l'inexpérience seront des motifs d'excuse. Des mémoires faciles y pourront établir un ouvrage nouveau par semaine, outre le courant du répertoire (1). La constance du travail compensera l'imperfection du talent. Des écrivains inattendus se produiront. Des encouragemens pécuniaires en détourneront d'autres de l'habitude de travailler pour les théâtres subalternes. Une noble lice ouverte à la jeunesse dégoûtera de la fabrication des mélodrames et autres ouvrages qui leur ressemblent. Le titre d'*auteur des boulevards* restera ainsi frappé d'une sorte d'ignominie classique.

(1) La mémoire de quelques anciens acteurs du Théâtre Français est devenue rebelle. Talma ne veut plus étudier de rôles nouveaux, dit-on ; quelle défaveur pour une pièce nouvelle où il ne joue pas ! Riche du passé, content de la portion de gloire que lui promet l'avenir, il consacre le présent à la paisible monotonie de ses cinq ou six rôles.

Par l'institution, en ce moment indispensable, d'un second Théâtre Français, les sibarites de la rue de Richelieu, redoutant une salutaire concurrence, pour subvenir aux frais de leur dispendieuse mollesse, se verraient forcés d'imiter leurs devanciers en montant des pièces nouvelles en été et en automne. On ne les verrait pas, spéculateurs avides, parcourir tour-à-tour périodiquement, en poste, jusqu'aux plus petits bourgs de la France, pour y lever des subsides en triomphateurs burlesques. Ils feraient leur résidence à Paris, et n'en feraient pas en quelque sorte leur petite maison de campagne, consacrée au luxe et à la paresse.

L'Odéon, destiné au recrutement des trois grands théâtres, en embrassera les divers genres (1). Les drames, mélodrames et pantomimes en seront sévèrement bannis. Le genre bas et licencieux n'y trouvera aucun accès. Les comédiens de l'Odéon devront seulement se munir, pour jouer les ouvrages des auteurs vivans ou morts, du consentement de ceux-là ou des ayans cause de ceux-ci. Ils n'auront, comme aux grands théâtres, droit aux recettes que concurremment avec les auteurs, et seulement *pour l'acquit du bénéfice d'exécution*. Aucun des trois grands théâtres ne pourra apporter de limite à cette latitude d'exploitation, à moins que, par des transactions solennelles, passées entr'eux et les auteurs, ils n'aient réuni dans leurs mains toutes les natures de propriété que fait naître un ouvrage dramatique.

Au sein de la capitale, et sous les regards de la multitude d'hommes célèbres en tout genre qu'elle renferme, une troupe de jeunes comédiens s'essaiera dans tous les genres nobles de la carrière théâtrale. Les spectateurs y viendront pressentir les successeurs des *Lekain*, des *Préville*, des *Molé*, des *Talma*, des *Mars*, etc. etc.

(1) Tout ce que j'ai dit sur la nécessité d'un second Théâtre Français est applicable à l'Opéra Comique.

Mais où prendrez vous ces jeunes gens si favorablement disposés, va-t-on m'objecter? Ne disiez vous pas encore tout à l'heure que l'on ne trouverait en province ni comédiens ni tragédiens, et qu'il n'y avait pas plus à compter sur les travaux du Conservatoire.

Je réponds à cela que les portes closes empêchent d'entrer, que la grande difficulté de les faire ouvrir rebute ceux qui s'y présentent, et que la certitude de rester toute sa vie au dernier rang effraie tel qui se sent la force de s'élever au premier. Tant que les vieux comédiens resteront les arbitres exclusifs des admissions, ils ne se détermineront qu'en faveur de leurs protégés, ou de sujets médiocres. Le talent a sa fierté. Ce sont les dégoûts de toute nature attachés à l'entrée de la carrière du théâtre, et produits par l'état actuel des choses, qui en éloignent ceux que la nature et l'étude en pourraient rendre les plus dignes.

On n'a pas suffisamment remarqué d'ailleurs que le secret de l'art du théâtre, si difficile à pénétrer pour les uns, se laisse promptement deviner par les autres. Un adage a dit *que certains hommes naissaient poëtes*. J'ignore jusqu'à quel point cette proposition est vraie; mais je suis persuadé qu'elle est plus généralement applicable aux comédiens. Les plus célèbres d'entre eux n'ont point, pour ainsi dire, fait de noviciat. Aucun d'eux n'a parcouru avec lenteur les nuances progressives de la médiocrité qu'on remarque si péniblement chez les autres. On les a vus arriver, en quelque sorte à pas de géant, au point de perfection où ils se sont fait admirer.

La beauté de l'extérieur, la grâce du maintien, le charme de la voix, et l'art de l'imitation, naissent avec le comédien. Cette sensibilité qui s'épanche au dehors avec un prestige si entraînant, est donnée comme une faveur à quelques-uns, et refusée aux autres. En vain ceux-ci interrogent avec opiniâtreté les ressources de l'art, pour conquérir ce que la nature n'a pas voulu leur accorder; tout, chez eux, reste faux, guindé, dépourvu de charmes et de vérité. On est témoin de leurs efforts, on leur sait gré de leurs travaux ; mais on résiste, malgré soi, au prestige qu'ils s'efforcent inutilement de produire.

C'est ainsi que s'explique la nature d'impression qu'ont produite ceux des élèves du Conservatoire de déclamation qui ont successivement comparu devant le parterre du Théâtre Français. Ils s'y sont montrés plus ou moins familiers avec le mécanisme de l'art; mais aucun n'a pu donner le pressentiment d'un talent à venir : il a été impossible de leur attribuer de la sensibilité; à peine même ont-ils fourni l'occasion de faire soupçonner leur degré d'intelligence. Seulement ils se sont montrés plus ou moins fidèles à répéter les accens qu'on leur avait modulés, les gestes dont on avait réglé la dimension, et les poses qu'on leur avait fait considérer comme devant produire de l'effet.

Et comment est-il arrivé que ces non-valeurs aient été si constantes ? c'est que les élèves n'ont pas été choisis par un discernement libre, mais bien établis impérieusement par la protection ; c'est que monsieur un tel et madame une telle ont exigé l'admission de leurs créatures respectives, sans autrement s'embarrasser si elles y étaient propres ; et que cette marche ayant été à peu près suivie de même pour chaque candidat, le Conservatoire a été bientôt peuplé de jeunes gens mieux disposés à une profession mécanique, qu'à un art aussi difficile, aussi inabordable pour ceux auxquels la nature n'a voulu faire aucune avance.

Au surplus, dès que l'Odéon aura été constitué *second Théâtre Français*, des débutans se présenteront de toutes parts. Après un triage indispensable de ceux que l'on ne peut raisonnablement produire sans provoquer une moquerie universelle, tous les autres seront admis à des débuts. Peu importera le lieu où ils auront fait leurs premières armes, de qui ils sont élèves, ou du Conservatoire, ou d'un comédien, ou d'un amateur, ou d'eux-mêmes; s'ils sont redevables de leur acquit, ou à des excursions dans la province, ou à une simple théorie; le public les entendra et les jugera. Ses leçons sont les meilleures de toutes. C'est à lui que nous sommes redevables de ces grands maîtres dont les souvenirs seront perdus sans retour si l'art théâtral n'est soustrait aux élémens de destruction dont il est environné.

Mais envain aura-t-on fait les premiers efforts à cet égard, si la direction de l'Odéon n'est donnée à quelqu'un propre à cet emploi.

Il ne se rencontrera pas certainement parmi les auteurs dramatiques; on vient d'en faire la triste expérience. Ces messieurs n'estiment que leurs propres ouvrages : c'est chez eux une maladie incurable. Il arriverait, sous la direction du moins déraisonnable d'entr'eux, ce que l'on voit malheureusement aujourd'hui ; l'Odéon succomberait encore une fois sous le faix des productions de son nouveau directeur.

C'est, je crois, sur un amateur éclairé des beaux-arts qu'il faut diriger son choix.

On a vu pendant plusieurs années un directeur d'Opéra faisant tout haut profession de dédaigner la musique, la danse, la peinture et la mécanique. Il lui était impossible d'assister, sans éprouver un ennui mortel, à toute une représentation d'Opéra. Ses lieutenans faisaient sa besogne. Il renvoyait habituellement *les chanteurs aux maîtres de chant*, *les musiciens au chef de l'orchestre*, *les danseurs au maître des ballets*, *et le service aux inspecteurs*. *Le machiniste*, *le décorateur et le tailleur* faisaient le reste. *Le matériel* concernait le *comptable*. *L'opéra* devenait ensuite ce qu'il pouvait. Il appelait cela *administrer*. Ce directeur de singulière fabrique avait réduit ses fonctions à une visite qu'il rendait le premier du mois *au caissier*.

Ce n'est pas du tout un directeur de cette trempe qu'il faut donner à l'Odéon.

En le supposant bien choisi, son premier travail aura pour objet la composition de sa troupe. Il s'appliquera ensuite à détruire les vices de l'exécution théâtrale, aujourd'hui établis à l'Odéon. Ces vices consistent dans une diction mélodramique, un dialogue dépourvu de liaison, et par conséquent de vérité, une absence de couleur et de vie dans l'ensemble. Il s'efforcera de faire perdre à ce théâtre sa physionomie *de comédie bourgeoise*, si justement reprochée *à Louvois* et *à l'Odéon*. Il aura besoin d'un tact sûr pour le choix des pièces à la mesure de ses acteurs, et propres à piquer la curiosité publique. Il calculera, dans l'intérêt de son établissement, les chances d'une rivalité, bonnes à hasarder quelquefois.

Il doit s'attendre à des contrariétés, surtout dans

les premiers instans de son exploitation : mais qu'il ne se laisse pas déconcerter, ni par les mécomptes, ni par les non-valeurs. Il ne faut pas qu'il se rebute, et encore moins qu'on le rebute. Le temps seul arrache une à une les épines attachées à toute entreprise difficile. Il ne serait pas mal qu'il mît de tems à autre le public dans la confidence de quelques difficultés à vaincre, ou de tentatives risquées pour lui plaire et accroître ses plaisirs. Ces communications disposent à l'indulgence, accroissent l'affection du spectateur, et l'identifient en quelque sorte avec les travaux d'un établissement destiné à présenter plutôt des espérances que des réalités.

C'est particulièrement des journalistes qu'il obtiendra de grands secours. Tous ont professé la nécessité d'un second Théâtre Français, et en ont sollicité l'institution. Loin de porter le découragement dans l'ame des jeunes élèves, par une critique trop amère, ou des railleries mordantes, la censure des défauts qu'ils auront à relever sera tempérée par le soin avec lequel ils feront remarquer les dispositions favorables des uns et les progrès journaliers des autres. On n'attend pas des jeunes arbustes qui peuplent une pépinière les récoltes que doivent offrir les arbres vigoureux d'un verger.

C'est sous ce point de vue que les écrivains périodiques entretiendront leurs lecteurs des travaux d'une institution, objet de leurs vœux les plus continuels. Ces défenseurs du goût et de la saine littérarature, sur lesquels la médiocrité s'efforce en vain d'égarer l'opinion, deviendront les protecteurs d'un établissement qu'ils contribueront ainsi à rendre digne de la bienveillance générale. Qui, mieux qu'eux, connaît les désordres, les intrigues, les calculs égoïstes dont nous venons de signaler les déplorables résultats! Qui a senti plus fortement qu'eux la nécessité de les combattre, et d'y assigner un terme!

Puisse le Ministre de l'intérieur, juste et digne appui des arts et des talens, prendre en considération ce rapide et affligeant exposé des abus et de la décadence du Théâtre Français! Académicien distingué, orateur célèbre, et homme d'état recommandable, c'est à lui qu'il appartient de soutenir de sa main protectrice l'édifice de la gloire littéraire nationale qui touche à sa ruine. J'ose soumettre mes observations à la sagacité lumineuse de son jugement, et au goût sûr et difficile qu'on lui connaît pour l'art enchanteur de Sophocle et d'Euripide.

FIN.